Guimar Al...

Memórias e etc... Uma Contadora de Histórias

Contatos

 leitura.amor@yahoo.com

@rv_producao_de_livros_independentes

https://rvlivrosindependentes.my.canva.site/

Ficha técnica

Fotografia de capa: Arquivo pessoal da autora (Campos de São João-Palmeiras-BA)

Arte final de capa: Renilda Viana

RV-Produção de Livros Independentes

Diagramação: Renilda Viana

Papel: Office 75

Páginas: 62

Revisão: Renilda Viana

Revisão final: Professora Juliana Almeida de Lima

Título 1: Memórias e etc. Uma Contadora de Histórias

Almeida, Guimar

Ano: 2024

Guimar Almeida

Memórias e etc... Uma Contadora de Histórias

RV-Produção de Livro Independente

Dados Internacionais de Catalogação na Publicação (CIP)
(Câmara Brasileira do Livro, SP, Brasil)

Almeida, Guimar
    Memórias e etc… : uma contadora de histórias /
Guimar Almeida. -- 1. ed. -- Salvador, BA : Ed. da
Autora, 2024.

    ISBN 978-65-01-18042-7

    1. Memórias 2. Poesia brasileira 3. Relatos
pessoais I. Titulo.

24-231616   CDD-B869

Índices para catálogo sistemático:

    1. Literatura brasileira   B869

Eliete Marques da Silva - Bibliotecária - CRB-8/9380

Dedicatória

Dedico este livro a uma das minhas amigas-irmãs, Railda Rosa Massaranduba, que combinou pular comigo o "Carnavelhinhos" e saiu de cena repentinamente, deixando-nos uma dor profunda.

Apresentação

Este livro nasceu da dor. Ocultei na minha biografia, propositadamente, como fui parar na escrita. Meu contato com a literatura começou cedo: ganhei, no antigo primário, o livro Viagem ao céu de Monteiro Lobato por melhor aluna e não parei mais de ler. Por força de um casamento com estrangeiro, fui morar na Espanha, onde fiz o mestrado.

Naquelas tardes frias e cinzentas do inverno boreal, me batia uma saudade imensa da minha família, dos meus amigos, da praia, do acarajé, da água de coco, do Carnaval... Enfim, de tudo isso que forma o sentimento: baianidade.

Comecei fazendo os resumos de uma série artigos, que um jornal de grande circulação na Espanha estava fazendo sobre o Brasil, e mandava pelo nosso velho e-mail, para os amigos. Daí para as crônicas, relatos e poesias foi um passo. A grande maioria deles ficou perdida pelo tempo, pois nunca tive intenção de publicá-los.

A Espanha era um caldeirão de concursos literários, de uma literatura vibrante, pois todo mundo lia no metrô, milhares de livros eram publicados etc. Sendo assim, quando li o edital para o V Concurso Pablo Neruda "Cartas de Amor" da prefeitura de Coria, fiz minha inscrição imediatamente (já morava no Uruguai) e fiquei entre os dez finalistas, de um total de 438 inscritos. O prêmio foi a edição de um livro com os ganhadores.

E o que a dor tem a ver com isso? Para desviar o foco de um tratamento longo e doloroso, minha terapeuta sugeriu escrever um livro sobre o processo; eu até que comecei, mas resolvi resgatar meus antigos escritos.

Um cheiro!

Guimar Almeida

Memórias e etc... Uma Contadora de Histórias

1ª Edição/2024

À turma de 1978 de Biologia da UFBA-Efemérides

Parte 1

Hoje, vinte e dois de dezembro de 2008 (22/12/08) Mara mandou-me uma mensagem de Natal muito linda, daquelas saídas do coração. Ao respondê-la, lembrei-me de que este ano está completando trinta anos que um grupo de meninas sonhadoras e sorridentes se encontraram no Anfiteatro de Química da UFBA. Nele, o prof. Sílvio dava as boas-vindas e pedia a cada aluno que se apresentasse, lembro-me que vinha gente da Bahia toda e até de outros estados, deste dia ficou um nome, Tate. Por que Tate? Porque o nome dela não era Tatiana, e todo mundo riu da graça como ela contou a história. Tate nos fez rir desse dia e durante os quatro anos seguintes, graças a seu alto astral e seu bom humor

Parte 2

Q*uando tínhamos aula à tarde, a maioria comia ali mesmo na faculdade; depois da comida íamos cantar. Aqui, cabe citar a dengosíssima Kenya. Ela era a única que sabia de cor e salteado a música "Andança", de Danilo Caymmi, se estava Kenya, podia ter certeza de que se cantava "Andança"; por isso esta música virou o símbolo de meus verdes anos em Biologia. Tate levava o violão ou não e cantávamos até a hora da aula. Era uma delícia!*

O prédio onde funcionava o Instituto de Física não era antigo naquela época, porém o elevador... Todas as vezes quando, íamos à aula, tínhamos que subir até o quarto andar e já sabíamos, que era problema com o elevador: a porta emperrava, abria entre os andares, parava... Já entrávamos com medo, mas como vínhamos da nossa "amostra de som" do almoço, era impossível subir tantos degraus.

Mas, um dia, com o elevador cheio, algo começou a estalar, como se fosse um curto-circuito e era o "cordãozinho cheiroso..." a luz se apagou. No desespero começamos a gritar e a bater na porta até que ela abriu e levamos pela frente uma professora que tinha entrado por último. Todos assombrados, com o coração saindo pela boca...exceto duas que estavam se acabando de rir.

Tate, durante o tempo que estávamos ali fez várias músicas, uma delas, "Canto Nordestino", ganhou um festival universitário, que tinha uma música intitulada "Climério" da turma de engenharia, que foi a coisa mais feia que eu ouvi na vida. Eles queriam que ela ganhasse de qualquer jeito e ficaram furiosos quando foi desclassificada. Neste festival as duas músicas que ela apresentou foram selecionadas.

Não sei quantos aniversários e quantos carurus comi na casa de Tate e sua divertidíssima e alegre mãe, quituteira de mão cheia, Dona Creuza e seu Gabriel, seu pai, uma das pessoas mais carinhosas que eu encontrei pela vida.

Parte 3

Não parávamos. Construindo o (PAF Pavilhão de Aulas da Federação), alguém teve a ideia de ir ao Zoológico. Tinha chovido *muito, mas não foi problema e fomos em frente. Uma parte do pessoal desistiu de passar, mas Cida e eu nos metemos lamaçal a adentro, (no início estava seco) e ficamos atoladas, literalmente.*

Não preciso dizer que a "peãozada" que trabalhava ali resolveu nos elogiar, dizendo mil coisas... a coisa foi tão difícil que o engenheiro da obra veio nos salvar e nos levou até a área da Biologia, por conta disso, eu só fui conhecer o Zoo — acredite quem quiser — muitos, muitos anos depois, quando meu futuro marido veio conhecer a Bahia, e eu o levei até lá.

Depois que chegamos à Biologia, Tate e Ana Cristina quase tiveram um ataque de riso. Eu também toda suja, morria de rir, mas Cida ficou "mordida de cascavel" e ficou de mal com as duas por muito tempo. No início, achei que ela estava fingindo que estava zangada, mas era sério... Depois de muita birra, pedidos de desculpas, mais birra e muxoxos, fizeram as pazes.

Parte 4

T *ínhamos uma cadeia de disciplinas que era o terror do curso de Biologia. As Zoologias eram quatro; a Zoo I era o divisor de águas, teve gente que conseguiu repeti-la seis vezes e não desistiu do curso, mas muita gente foi embora. Estávamos em Zoo III, no final do semestre e não havia saído ainda a nota da primeira unidade. Quando, um belo dia sai a publicação, tão esperada, sem aviso prévio.*

Uma pessoa que a repetia pela quarta vez, tirou as três notas máximas, o autor da façanha pulava, gritava e corria pelos longos corredores do Instituto de Biologia como um louco, e pagou cerveja para toda turma. Outros com notas que davam para passar, gente muito feliz com tantas notas boas e claro, inesperadas. Até que uma grávida, que tinha sido reprovada pela terceira vez, começou a passar mal e desmaiou por causa dos três zeros que tomou.

Uma das "autoras" quando viu aquela cena começou a chorar e foi avisar que tinha sido uma brincadeira, enquanto a desmaiada voltava a si. Depois dos ânimos acalmados percebeu-se que os nomes continham erros grosseiros e estavam trocados. Uma das vítimas disse que elas tinham que pagar pelo feito e que ia processá-las. A professora da cadeira quando soube do ocorrido disse que era uma brincadeira muito espirituosa e não deixou ninguém ser processado. Em agradecimento, Tate pegou o violão, e junto com Ana Cristina, fizeram a seguinte paródia: "Alzira, confesso que jamais te esquecerei, das cobras, lagartos e miriápodes que coletei..."

Fizemos uma viagem para o encontro de biólogos em Fortaleza (era a primeira vez que eu saía da Bahia, estava encantada), trabalhamos duro para arrecadar dinheiro para a viagem; o que eu mais gostava eram os pedágios. Nos finais de semana, na praia da Pituba, estendíamos uma faixa nos identificando e dávamos um papel explicando os motivos do pedágio, tudo isso enquanto a sinaleira estava fechada, o pessoal contribuía, e muito. Quem arrecadava mais dinheiro? Tate é claro! Comunicativa, risonha e com aquele "patrimônio" (se é que me entende), os homens soltavam um dinheiro lerdo.

*Cabe lembrar, que na volta resolvemos passear em Recife, sem dinheiro, ficamos **hospedados** na Casa do Estudante Nordestino. Os banheiros não tinham portas, enquanto uma usava, a outra ficava na entrada em vigília. Banho? Soubemos que no Zoo de Recife tinha um cano jorrando água e a galera ia lá tomar banho. Vestimos nossos biquínis e fomos. Era* *tanta água que jorrava pela tubulação que doía na cabeça.*

Parte 5

Bem, o curso está chegando ao fim. Chegamos à formatura com poucos, uma parte do pessoal que concluiu, não quis participar da solenidade o que naturalmente não foi o nosso caso. Uma comissão foi formada, encabeçada por Tate e partimos para a luta: fizemos e vendemos camisas, uma camisa linda — Tate desenhou um mico-leão-dourado e eu sugeri os dizeres — fizemos pedágio, passamos livro de ouro em lojas, repartições... Foi uma trabalheira danada, mas conseguimos.

A solenidade foi muito bonita, simples e emocionante, a decoração linda, com uma seleção musical digna de um show no Maracanã. Minha família compareceu em peso, e estava muito orgulhosa; foi uma luta de todos. Depois tinha uns comes e bebes na Barra, quando se chega no local da recepção um dos convidados está saindo com o nosso peru pela porta afora... Um ladrão descarado! Não nos deixamos abater, com ou sem peru, nos divertimos muito!

Adeus! Acabou a brincadeira; a vida começa com muitos e imensos desafios... Todo um mistério! Passados mais de quarenta anos, temos o grupo "Amigas para sempre" no WhatsApp, criado por Ana Cristina, e de vez em quando nos encontramos para rir do nosso passado inesquecível.

Eu dedico estas efemérides a garota símbolo da turma de setenta e oito de Biologia da UFBA, Conceição Maria de Lima Dias, a Tate.

1° de abril de 2020, Tate foi brilhar no céu.

Restou um par de brincos

*R*oupa é o quesito mais importante de uma noiva e como tal, comecei a procurar bem antes da data, encontrar a roupa adequada foi uma verdadeira via-crúcis; com um corpo tipicamente brasileiro, não foi tarefa fácil encontrá-la pelas ruas de Madri.

A uma semana do casório e sem encontrar um conjunto de cor clara, que vestisse bem, que pudesse ser aproveitado depois e que ainda tivesse um bom preço — nesta ordem — eu já estava desesperada e disposta a comprar qualquer coisa.

Depois de percorrer, com uma amiga, milhares de lojas e boutiques do centro da cidade, fui encontrá-la numa loja no Shopping Center perto de casa (morava perto do único Shopping que havia em Madri na época), naturalmente, eu já havia estado lá. Encontrei um "taller" pérola, de lã, (o casamento foi em janeiro em pleno inverno boreal, onde a obsessão lógica e climatologicamente correta por cores escura justifica-se) não tinha meu número na loja, mas providenciaram em outra da rede. Ficou sobrando tecido nas costas, um cofo, mas, a esta altura quem se preocupava?

A bota de cano longo bege, alta, já havia sido encontrada há tempos; a echarpe de pele de raposa (eu acho, não me lembro mais) bege, macia e linda também, faltava algo para quebrar essa neutralidade: o vermelho - a cor da paixão que me consumia.

Fui à rua em que dava aulas e comprei um par de brincos de pedra vermelha, quadrada e discreta, um laço vermelho para prender parte do cabelo, e estava pronta para o grande dia.

Na hora em que chegamos ao Cartório, um belo e medieval prédio na cidade de Alcalá de Henares, minha madrinha notou que faltava o buquê, saiu com seu marido correndo, pela cidade procurando rosas vermelhas, achou um botão, amarrou a fita vermelha e veio me entregar já na entrada.

Uma semana depois, de volta da lua-de-mel em Portugal, coloquei o "taller" para lavar na máquina, com todas as roupas claras para não manchá-lo, quando fui estender as roupas, quase tive um AVC: o "taller" tinha ficado uns três números menores, (não se pode lavar roupas de lã na máquina) não pude acreditar; estiquei de todas as maneiras para ver se cabia outra vez , traumatizada e indignada com minha ignorância mandei para as filhas de uma amiga em Granada; não tenho ideia de onde foi parar.

A bota por ser muito alta quase não foi usada, dar aulas nas alturas já dói à coluna.

Passados alguns anos a aliança foi mandada para o Brasil, por um amigo, onde foi derretida para complementar um anel, a echarpe (que foi usada inúmeras vezes) e o laço ficaram esquecidos na gaveta da cômoda.

Passados tantos anos, outro dia buscando uma coisa vermelha para combinar com o cinto que minha irmã havia me dado de presente de aniversário, foi encontrado no fundo de um porta-pulseira, o par de brincos, eu não me lembro de ter usado este par de brincos que não fosse no dia da boda.

As lembranças de meu pai

*N*ão sei quantas filhas têm o nome de uma personagem de uma História de Amor e Mal Dizer, do século XIII, de Portugal, passada oralmente pela avó (analfabeta), mas que sabia de cor e contava/cantava várias delas.

Não sei quantas filhas têm um pai que, acreditando que a educação era a chave para a libertação da exploração e da miséria, saiu do mato até a capital para colocar as filhas para estudar.

Não sei quantas filhas têm um pai que, por muito tempo, teve como única vestimenta a farda da empresa onde trabalhava, para que suas filhas pudessem comparecer no primeiro dia de aula com o uniforme completo e todos os livros comprados.

Não sei quantas filhas, o pai saiu com ela nas costas, da rua do Calabar até a avenida Centenário para pegar o ônibus para levá-la ao Pronto Socorro.

Não sei quantas filhas tem um pai que as levava para treinar futebol e pênaltis na praia do Cristo, todo domingo.

Não sei quantas filhas tinha uma, boia de câmara de avião, que de tão grande, cabia os quatro na Praia do Farol da Barra.

Não sei quantas filhas o pai colocava no colo para dar comida na boca, ou, na hora do castigo mandar procurar o chinelo e pegar na ponta dos dedos, o elevar mais de um metro e bater bem devagar...

Realmente, não sei quantas filhas, o pai levou para assistir aos jogos do Bahia vestidas de tricolor da cabeça aos pés, por isso todas nós gostamos e entendemos de futebol; duas amam o esquadrão de aço.

Não sei quantas filhas o pai ia pegar com o táxi dos outros nos bailes às quatro da madrugada, ou ficava esperando até a filha acabar de dar aula no Rio Vermelho, às vinte e duas horas e trinta minutos, ou levava para a faculdade e o trabalho às seis da manhã.

Não sei quantas filhas ouviu do pai, que tinha que ser o exemplo porque era a mais velha, que, primeiro, era a obrigação e depois a devoção; que tinha que pagar as contas em dia para não ser chamado de sem-vergonha.

Não sei quantas filhas, viu o pai ficar transtornado quando ela juntou todo o dinheiro da bolsa do mestrado e comprou um táxi para que ele deixasse de dar pernoite no carro dos outros... Ele disse que era ele, como homem, que deveria me dar um carro.

Não sei quantas filhas teve um pai que, deu o maior "carão" num namorado porque ele, para apanhar a bola, que por um chute mais forte, da sala passou para o quarto; que disse que se um homem a maltratasse, falasse com ele que cortava o safado todo de facão, sendo ele uma das pessoas mais pacíficas do mundo.

Que quando o gringo veio fazer o pedido de casamento e avisá-lo que ia levá-la para a Europa e responde dizendo: "quando não quiser mais mande de volta que a gente quer."

Era um homem do seu tempo, disse que encheria a casa de filhos até que viesse um homem para ser jogador de futebol.

Tinha certeza de que o homem era mais inteligente que a mulher e só mudou de ideia vendo o desempenho das três filhas em relação aos meninos.

Não sei quantas filhas, chega do exterior, muitos anos depois, a primeira vez, com a fisionomia triste e o pai perguntar: "O que aconteceu?" Ela conta e ele diz: "Se quiser fique, eu seguro as pontas. E com sua aposentadoria de motorista, segurou.

Não sei quantas filhas, o Deus deu o privilégio de viver 62 anos com proteção, amor e muito cuidado, por isso, só tenho que agradecê-lo.

Gratidão, querido pai!

A indiferença com o que o tempo levou.

Quando eu ouvi a chamada de uma FM, sobre um prêmio para ganhar uma vitrola multifuncional não dei muita importância, das outras vezes parei para ouvir e na última fui procurar no portal da emissora para ver do que se tratava.

Então, parti para o maleiro para arrumar meus LPs, são quase sessenta, todos comprados nos anos oitenta, quando tive dinheiro para comprar um som e os discos

Resolvi arrumá-los a partir de Gonzagão, pois é de quem me lembro do rádio enorme que a gente sabia que sintonizava quando a luz verde ficava firme, lá pelos idos da década de sessenta pelo interior da Bahia.

Escrevi sobre meus passos e a música, coloquei meus pés e uns tipos de sapatos que caracterizam minha caminhada, nestes anos de profundo e fiel amor à música. Até hoje sou uma fiel ouvinte do rádio, apesar de toda a evolução tecnológica nesta área, com o rádio você não *precisa desviar-se do que está fazendo e nem se preocupar em ouvir só o que seus autores /e ou cantores preferidos fazem, o que dá oportunidade aos seus ouvidos de conhecer o novo e sair da mesmice do seu gosto musical. Não renunciando à qualidade, e é aí que a FM que ouço é um diferencial.*

Foi assim até eu encontrar duas capas de discos corroídos pelas traças. Então, caí na real situação dos meus LPs que eu não ouço há milhares de anos, com o fim do disco e aparecimento do CD e depois as mil e umas maneiras de se ouvir música atual, o tempo e a tecnologia foram os grandes selecionadores naturais.

Limpei todo o maleiro, coloquei inseticida sólido, peguei cola, papel, tinta, pincel, régua, lápis hidrocor e comecei a disfarçar a indiferença e o descuido de minha parte. Caso ganhe a vitrola, poderei voltar a ouvi-los. Seria o feito principal.

Foi aí que percebi que precisava dar mais atenção às coisas que fazem parte da minha história.

Agora, ter mais atenção com essas joias é um compromisso comigo mesmo. O prêmio foi para outro aficionado por música.

A terceira idade dos outros.

Já faz algum tempo que li um texto corajoso de uma escritora muito conhecida, que falava como enfrentar a solidão com alto astral, sem usar a palavra uma única vez no texto, ela deixa ver nas entrelinhas que se anda muito só e que o importante é tirar proveito, entre outras coisas, de ir jantar num restaurante chique, pelo simples fato que se merece comer bem independentemente de estar acompanhado ou não.

O que vejo é que algumas pessoas têm dificuldade de ver o quanto a terceira idade é solitária no Brasil.

A referida escritora, uma mulher rica, que soube sempre se reinventar, era uma dondoca e virou escritora, cronista, e eu, particularmente adoro a maneira despretensiosa, divertida e muito realista de como escreve.

Se você já passou dos sessenta anos, ficou viúvo (a), separou-se e fez quase tudo na vida, estudou, trabalhou, teve filhos, tem netos, *viajou, namorou muito, milhões de cirurgias plásticas (se tem grana e coragem), teve momentos tristes, felizes como qualquer pessoa... mas, nesta idade, eu creio, muitos parentes e amigos já morreram, mudaram de cidade, perderam o interesse por você, não é que te esqueceram, simplesmente têm outros objetivos e outra visão de mundo. E você vai ficando de lado, não ligam mais para você, sequer respondem suas mensagens e seus e-mails, (quando existia o correio, para estas coisas, não se tinha tempo de ir até uma agência) nem dão um "joinha" na sua mensagem.*

Você então se cansa de mandá-los não quer ser chato (a) ou intrometido (a) e vai agarrar seu livro, jornal, revista, palavra cruzada... e ler, quando não se prostra à frente de uma televisão que sempre está ligada, que é para você ter a impressão de que tem companhia, ou fica conectado (a) nas redes sociais.

Os filhos e netos lhe visitam de vez em quando, ou quase sempre telefonam os que se lembram, naturalmente. Mas, uma coisa você não pode negar: eles estão nas suas casas, no seu mundo, envolvidos com seus problemas: o filho que não quer estudar, o chefe é um déspota, a mulher só pensa em desenvolver a sua carreira, as despesas estão na estratosfera... A casa dos pais, outrora seu mundo, é lugar de passar feriados, aos que renunciam bravamente ao passeio à ilha, à balada, ao futebol, à praia, e até os programas dominicais e as redes sociais...

Eu nem comento se, a esta idade o idoso tem problemas graves de saúde, eu estou falando de um velho com uma vida medianamente sã, um médico ítalo argentino, Claudio Zin, disse que não existe idoso (a) são, existe idoso menos doente. Quando não falo do idoso (a) que tem aquele filho ingrato que só liga para pedir um dinheiro emprestado e contar sua eterna falta de sorte com o trabalho, com a vida, com o padeiro, pipoqueiro, com as suas quinhentas mulheres... Já tem mais de cinquenta anos, mas pensa que tem vinte e cinco e acha que suas responsabilidades devem ser resolvidas pelos pais: pagar umas continhas, a escola das crianças, o aluguel, o condomínio, dar comida a seus filhos... E o idoso (a), coitado, que deveria estar usando sua aposentadoria para passear (alguns tiram a grana da comida mesmo, afinal nem todos foram políticos para terem uma senhora aposentadoria) comprar uma roupinha e seus remédios ficam sustentando estes caras duras, sanguessugas... Eu me recuso a falar do idoso (a) que é literalmente jogado nos asilos, e alguns deles tiveram que sair de suas próprias casas para dar aos filhos que não conseguiram nem fazer uma casa para si próprios, e ficaram esperando a morte do velho, mas como ele está "demorando" muito...

Vida de idoso no Brasil é fogo, ainda bem que nossa escritora famosa só tem uma parte destes problemas...

Como se arma um circo

Um dia destes, dando uma olhadinha num folheto de promoções, Marina viu uma daquelas promoções imperdíveis, um bote de borracha azul e amarelo, com um preço para lá de convidativo, era próximo ao Natal e as promoções choviam.

Dirigiu-se à loja indicada no anúncio e foi ver a mercadoria com o auxílio de uma vendedora, estava tão alto que chamou um ajudante para tirá-lo da parte superior da gôndola. Certificou-se de que era o mesmo produto e se o preço era o mesmo, as medidas... Como era um produto do verão passado, a caixa estava bastante danificada, motivo pela qual, não quis levá-la (coisa de mulher). A vendedora disse que ia se certificar, se em outra filial teria o mesmo bote, e ela o levaria no outro dia. Já que era caminho do seu trabalho, Marina aceitou.

Para sua surpresa, no dia seguinte, quando Marina procurou a mesma vendedora, foi informada que foi um erro e que esperasse o gerente, distraída com os requebros de um conhecido e lindo cantor na tela gigante da TV, próxima aos caixas, não lembra quanto tempo ficou esperando.

O gerente, enfim, apareceu e a levou até a gôndola onde estava o produto. O cenário tinha sido mudado completamente, havia preços por todos os lados; havia várias caixas de outro bote bem inferior ao do dia anterior, tanto nas proporções, como na qualidade do material. E na base do vai que cola, o gerente veio com a desculpa, para lá de esfarrapada, que um cliente certamente trocou o preço. Imagine, caro leitor, com a quantidade de câmaras nos supermercados, um cliente se espichando todo para tocar o preço de um bote com a caixa toda avariada, e não ter sido flagrado nem pelas câmaras nem pelos guardas. Difícil, não é?

Não houve argumentos para Marina convencer o gerente de que em comum com o bote do folheto só tinha o preço, e com o horário estourado para voltar ao trabalho comprou o bote menor, mais feio... E saiu da loja sentindo-se com uma bola vermelha na ponta do nariz, uma verdadeira palhaça. Chegando ao trabalho, perguntou onde era a Defesa do Consumidor mais próximo para fazer uma queixa, coisa que não pôde fazer pelo adiantado da hora. A reclamação foi feita no outro dia e passado um bom tempo Marina ainda espera uma solução para esse caso de abuso, falta de respeito ao consumidor e propaganda enganosa.

Nessas datas comemorativas, a melhor arma contra as falsas promoções, funcionários omissos e empresários gananciosos é a atenção para não cair nas ciladas destes espertinhos.

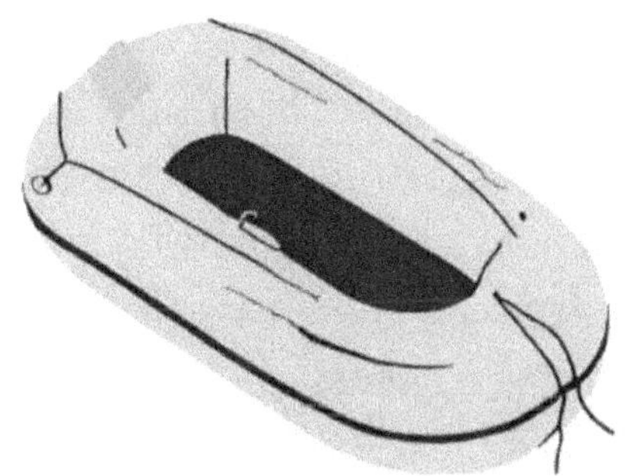

O mistério do quarto 213

Vínhamos por uma estrada, quase deserta coberta por um denso nevoeiro. Eu vinha recostada no banco do carona, sonolenta e aborrecida pela longa viagem e pela paisagem quase toda oculta pela cerração. No cassete tocava uma música e eu mais, como tentativa de me manter acordada, seguia dedilhando sobre os joelhos, o ritmo.

Todo esse marasmo foi cortado por um tremendo vai e vem que meu marido teve que fazer com o carro, para nos livrar de outro que vinha em nossa direção. Com o movimento brusco, fomos parar no acostamento, e o outro automóvel que vinha em alta velocidade cruzou a estrada e se chocou violentamente contra uma grande árvore.

Pegamos a lanterna e saímos para ver o que acontecera com os passageiros do carro acidentado, quando nos aproximamos, vimos que se tratava do Chevette de nosso vizinho.

Como meu marido tinha noção de primeiros socorros, dado no Exército, o tirou cuidadosamente do carro, e com um lençol que tirei da mala, o envolvemos e levamos até nosso carro. Chegamos ao Hospital Público de Solidariedade às duas da manhã, pelo horário e pelo fato de ser sábado, estava quase vazio. Assim, a equipe de emergência nos atendeu e o acidentado levado ao centro cirúrgico. Logo ao amanhecer, fomos à casa da nossa vizinha para contar o ocorrido.

A casa de Joana era muito parecida com as casas do bairro classe média de Solidariedade, era uma morada térrea, circundada por varanda e um jardim com buganvilas e hibiscos (graxa). Quando chegamos ao hospital seu marido já havia sido operado e se encontrava na Unidade de Tratamento Intensivo número 213.

Na quinta pela manhã, voltamos a visitá-lo e comprovamos que apesar de necessitar do respirador e de outros aparelhos, já abria os olhos e apertava a mão de Joana, ficamos contentes com a sua visível melhora. Ao meio-dia da sexta-feira, Joana nos ligou desesperada dizendo que o marido havia falecido. Sem acreditar, corremos para o hospital. Queríamos uma explicação para sua morte e seu médico disse que não havia explicações... Estávamos atônitos, perdidos...

Já na rua, próximo à saída do hospital; tristes, indignados... Aproximou-se uma senhora de uns 50 anos, corpulenta e com as mãos muito pequenas para seu tamanho, era uma auxiliar da cozinha do hospital, disse-nos que o CTI 213 tinha uma maldição, era enfeitiçado e que todos os doentes que se internavam ali, não saíam com vida. Parecia muito assustada. A senhora não quis falar mais nada e foi embora. Imediatamente, demos meia volta e fomos falar com o diretor do hospital sobre as mortes do CTI 213, ele nos disse que desconhecia o fato, que o hospital era o melhor e mais bem aparelhado da região e que pacientes na UTI sempre correm perigo de vir a óbito.

Duas semanas depois as mortes continuavam, alertados por outros familiares de mortos, exigimos uma ação efetiva da direção do hospital. Continuavam, alertados por outros familiares de mortos, exigimos uma ação mais efetiva da direção do hospital. A equipe médica pensou que poderia ser uma contaminação bacteriológica e todos os aparelhos foram cuidadosamente esterilizados: as mortes continuavam em ritmo semanal. Uns familiares mais supersticiosos, outros mais crédulos pediram que um padre e outros representantes das diversas entidades religiosas, que benzessem a CTI e as mortes seguiam com precisão matemática sempre as sextas-feiras. Outros sugeriram que trocassem a numeração, treze é um número conhecidamente agourento. A coisa chegou até os porteiros, seguranças, cozinheiros... que faziam concorridas apostas para ver quem sairia vivo da CTI 213. Desesperados, os familiares buscaram a delegacia para prestar uma queixa e começou uma investigação dos funcionários do hospital. Todas as que tiveram o mínimo contato com os mortos: enfermeiros, médicos, auxiliares de enfermagem... Foram investigados... As mortes continuavam.

Ao fim de toda esta luta sem glória, colocaram uma câmara no CTI 213 e o mistério chegou ao final. Todas as sextas-feiras, às 6 da manhã, a senhora da limpeza desconectava o respirador artificial para ligar o aspirador de pó.

Guimar Almeida

Preto e branco

Há muito tempo te procurava.

Te procurei nas manhãs ensolaradas;

nas tardes mornas, nas noites frescas;

mas também nas manhãs cinzentas,

nas tardes frias, nas noites sombrias.

Você se vestia de preto.

Fui te encontrar num outro lugar,

Tão distante e tendo o mar,

não só a nos separar.

Te encontrei vestido de branco.

E, para o meu espanto me vi

Tão amarrada em ti!

P.S.: Um registro de vinte e cinco anos que resolvi compartilhar com os leitores.

Doação

Aos oito dias do mês de setembro, de um ano regido pela força e pela sensualidade, eu, Maria, dou posse, por livre expressão de amor, a ti, José, a área de aproximadamente 1,32 m de maior tamanho por 0,45 cm de largura, para nosso uso fruto.

Para ter direito a essa área, o signatário acima citado não pode deixar de cuidar com carinho e respeito, da área de aproximadamente 23 cm anexa, sendo essa área a mais valiosa e não podendo ser agrupada ao conjunto total.

A área em questão apresenta duas colinas próximas, seguidas por um estreito que se abre em uma planície coberta por abundante vegetação, com uma enorme depressão, que, apesar de úmida, está sempre aquecida.

Tem ainda uma outra elevação avantajada, formada por dois montes arredondados como maçãs, porém, de base muito larga, que dão harmonia e equilíbrio ao conjunto.

A área em anexo apresenta duas fontes de luz com intenso brilho, límpidas, apresenta uma fenda gradeada e sempre por um belo, franco e frequente sorriso.

Próximo, há uma região cinzenta misteriosa, sobre a qual até a concedente desconhece os domínios reais.

Reconhece, contudo, que é uma área de grande valia e, como tal, deve estar em primeiro lugar e ser respeitada na sua amplitude humana e feminina.

Caso contrário, trará grande transtorno em toda área. De posse dessa área, cabe ao signatário cercá-la por todos os lados, inclusive a área anexa, por quilômetros de beijos e carinho, além de protegê-la e adubá-la com fortes doses de amor exclusivo e sincero. A única coisa que torna válida esta concessão é o amor bilateral existente entre as duas partes.

Memórias fotográficas

Memórias registradas ao longo da minha vida de pessoas que fizeram parte da minha trajetória. (arquivos pessoais)

Filhos de vovô Basílio.

Nalva e Ju.

Família Almeida Coelho.

Famílias Tavares e Almeida.

Família Santos de Jesus.

Família Pereira Leal.

Família Costa e Bomfim.

Família Massaranduba.

Família Brazil dos Santos Souto.

Graciano Lins, Guimar, Edna Fernandes e Frederico Ribas (de pé).

Sue, Guimar, Ana Cristina e Tate.

Guimar Almeida

Sue Almeida e Norma Coelho.

Zoraide Costa e Railda.

Rosemeire e Marília Costa.

Guimar e Claúdia Leão.

Cátia e Davi Simões.

Júlia e Lucileide Batista.

Mônica Galoro e Ana Angélica.

Vera Maria.

Guimar Almeida

Memórias Acadêmicas e Profissionais

Aulas práticas em campo.

Apresentação de trabalho no Congresso da SBPC/Conclusão

do curso em Educação Sexual.

Guimar Almeida

Formatura em Ciências Biológicas - UFBA

Formatura em Perita Técnica-DPT.

Com os colegas do mestrado. Alcalá de Henares – Espanha.

Congresso da Terceira Idade com alunas uruguaias.

Com alunos. Cólon – Argentina.

Com os alunos em Praia do Forte. Mata de São João – BA.

Com os alunos da Escola Jesus Cristo

no dia da primavera.

Reivindicando melhores condições de trabalho, melhorias salariais...com as colegas da Escola Jesus Cristo.

Com os colegas da Escola Jesus Cristo na Bienal.

Comemorações

Festa de aniversário na Vivenda Gaia.

Festa do Senhor do Bonfim.

Vestida de baiana com colegas orientais do mestrado e amigas brasileiras em Madri, comemorando aniversário.

Casamento em Madri.

Encontro com as Biogatas.

A descontração em Areias que não existe mais. Camaçari – BA.

Badusca, Guimar e Manzinho na Bienal/ Salvado – BA.

Mainha, Conceição, Janete e vovó na formatura de Conceição.

Roberto e Derva.

Sonia, Guimar, Lane e Sula.

Carnaval no Pelourinho.

Com amigas no Carnaval na Barra. Guimar de cuca fresca.

Guimar, Antônio, Janete e Ivete nos 80 anos de meu pai.

Comemorando São João em Aracaju.

Anexos

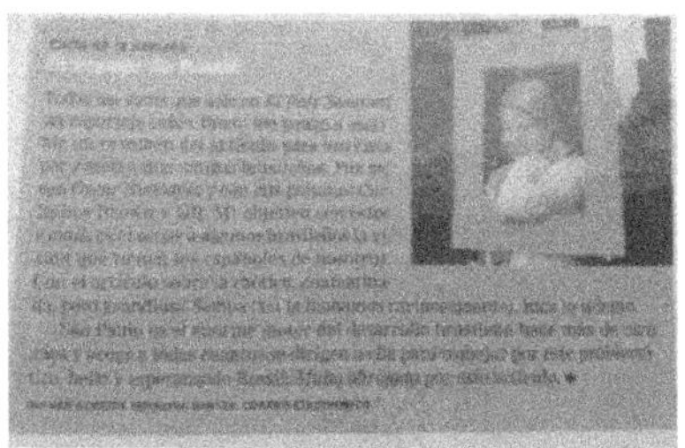

Publicado no El País Semanal de 18/01/2004 p. 4 Madri - Espanha.

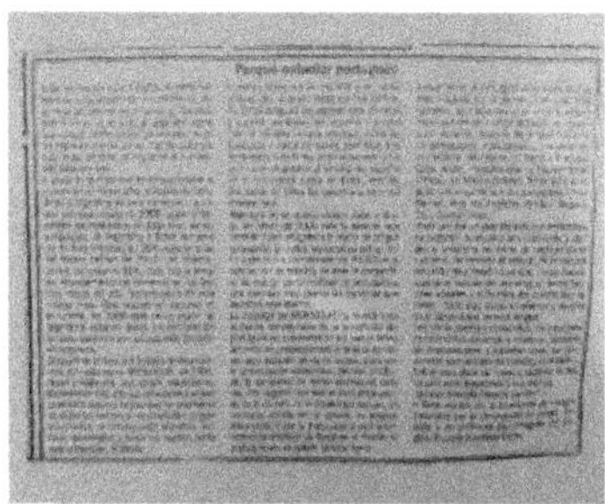

Publicado no Jornal Entre Rios, p.6 em 10/09/2009 da cidade de
Entre Rios - Argentina.

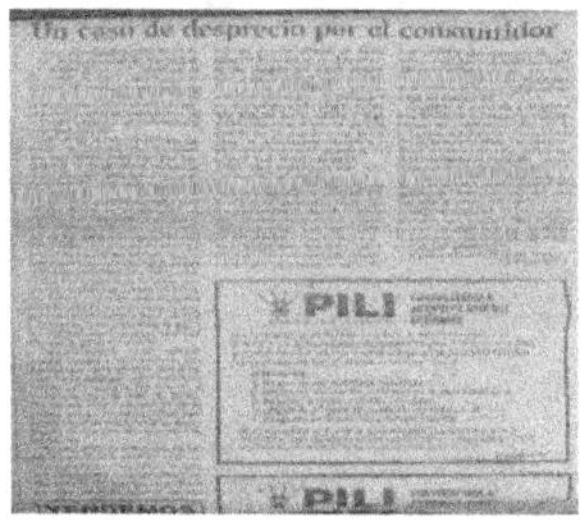

Publicado no Jornal El Telégrafo p. 20 em 05/01/2011

Paysandu - Uruguai.

Agradecimentos

Agradeço a todos que, direta ou indiretamente colaboraram para que esta obra fosse editada, em particular a Celina Estela Silva Santos pela insistência na ideia, a Roberto Crespo por facilitar o contato com a organizadora do livro. Aproveito também para agradecer à minha família (meu porto seguro), que esteve comigo em todas as etapas de minha vida sempre me apoiando e dando amor. Obrigadíssimo aos meus amigos e amigas, em especial às minhas amigas- irmãs que não medem esforços para me ajudar com doses de amor e zelo, dívida de carinho por umas cem reencarnações. Obrigada, finalmente ao Pai Celestial, que me proporcionou uma vida cheia de desafios, mas gratificante, pois me blindou com uma couraça de amor e de proteção de tanta gente.

Biografia

G uimar Almeida Ferreira Santos nasceu na Chapada Diamantina, em Campos do São João, Palmeiras, Ba. É filha de seu Antônio (in memoriam) e dona Alailda, tem duas irmãs e um irmão. Dia oito de março, fez quarenta e dois anos como profissional de educação, nesta data em 1982, começou a dar aulas de biologia no Colégio Estadual João Florêncio Gomes, no turno noturno, na Ribeira. Era tão nova que meus alunos pensaram se tratar de uma nova aluna.

Nestes 42 anos, deu aula na Universidade, no curso profissionalizante, no colegial, como voluntária para a terceira idade, ministrou aulas *a funcionários do BBVA, da Sepro francesa, da British Petroleum...em quatro países: Brasil, Espanha, Argentina e Uruguai, ao município de Mata de São João, trabalhou ainda como perita técnica no Departamento de Polícia Técnica/ BA e hoje é professora efetiva do Estado. É graduada em Ciências Biológicas pela UFBA, especialista em Educação Sexual e mestre em espanhol como língua estrangeira pela Universidad de Alcalá- Espanha.*